AF509111

HONNI SOIT QUI MAL Y PENSE,

OU

LE CHEVAL

DE CALIGULA,

FAIT CONSUL DE ROME,

TRAGÉDIE BURLESQUE,

Parodie de différentes Tragédies,

EN UN ACTE, ET EN VERS,

PAR UN PLAISANT,

Jouée à Paris sur le Théatre des Eleves de l'Opéra, au mois de Février 1780.

Et sur le Théatre de la Comédie de Bordeaux, le 23 Septembre 1782.

Ridiculum acri,
Fortius ac melius plerumque.
HOR. Art. Poët.

IMPRIMÉ A ROME,

Sous le confulat d'INCITATUS, Cheval de l'Empereur CALIGULA,

Et fe vend à BORDEAUX, chez les Marchands de Brochures.

POT POURRI,

EN FORME DE PRÉFACE.

IL faut des Romans aux peuples corrompus, & des nouveautés aux Théatres des grandes Villes.

J'ai vu les mœurs de mes Contemporains, leur goût pour les futilités, les succès de Jeannot (1); & j'ai composé cette Farce. Que ne suis-je dans un siecle où je dusse jeter mon Manuscrit au feu!

Mais quoi! une Tragédie burlesque, une Parade! Fi..... Où est le but moral d'un pareil Ouvrage? Quelle impression honnête peut-il résulter de la lecture de cette facétie?.... & qu'est-ce que prouve un genre aussi frivole? Rien sans doute, sinon le désœuvrement de l'Auteur, qui pourroit employer son temps beaucoup plus utilement, en allant cultiver ses terres & ses vignes. Il gagneroit davantage en travaillant à augmenter l'abondance de cette boisson salutaire & chérie, de cette denrée précieuse qui fait la fortune des Commerçans & le tourment des Propriétaires.....

----

(1) Voyez la petite Préface de Julie.

PRÉFACE.

S'il a des talens, que ne les exerce-t-il sur des sujets plus intéressans & plus dignes de lui? Qu'il indique, par exemple, les moyens d'empêcher l'agiotage qui a produit la rareté des especes sur la Place de Bordeaux, & a fait monter l'escompte des billets de Ville jusqu'à douze pour cent.

Est-il touché des attraits de la gloire, sans être insensible aux intérêts de sa fortune? Il peut concilier l'honneur & le profit, en concourant pour le prix extraordinaire de l'Académie, destiné à l'Eloge de Montesquieu. Ses prétentions à la couronne académique, seront d'autant mieux fondées, qu'il n'aura point à craindre la concurrence des bons Ecrivains. Tant qu'on se souviendra de l'Ouvrage de d'Alembert, tant qu'on verra son chef-d'œuvre à la tête de l'Esprit des Loix, aucun Homme de Lettres un peu distingué n'entreprendra la tâche difficile de célébrer le Chantre du Temple de Gnide, & n'aura la folle présomption de faire mieux que l'Auteur de la Préface de l'Encyclopédie. Arrête, censeur austere.... Voici ma réponse à tout ce verbiage.

Je n'ai prétendu, pour cette fois, que dérider ton front, & épanouir ta rate. Si j'ai réussi, je n'ai point regret à l'usage que j'ai fait de quelques heures de loisir, pendant lesquelles j'aurois perdu, peut-être, mon argent au Boston.

Mais est-on absolument inutile quand on s'occupe à amuser ses Concitoyens? Non:

sache, d'après un Sage (1), qu'il y a autant de difficulté & de mérite à faire rire les honnêtes gens, qu'à les faire pleurer. L'Antagoniste le plus éloquent des Spectacles n'est-il pas convenu dans sa Préface de Narcisse, que c'étoit une bonne œuvre que de s'exposer à se faire siffler, même tous les jours; parce que le temps employé à cet agréable amusement, étoit autant de dérobé aux mauvaises mœurs? Pese, Lecteur, cet aveu, que la force de la vérité peut seule avoir arraché au Critique amer du Misanthrope. Souviens-toi qu'un sublime Législateur (2) regardoit les Plaisans & les Bouffons comme des Citoyens précieux dans une République bien policée; & pour te convaincre du prix de la gaieté, du bien qu'elle fait à la santé, jette les yeux sur un célebre Médecin, qui ne guérit ses malades qu'en leur faisant des contes.

Si des vues aussi profondes que celles que je viens de te communiquer, & toute l'érudition que j'ai étalée à tes yeux, ne peuvent point adoucir ton humeur caustique, apprends que je suis occupé depuis dix ans à composer, (non pas un parallele entre les anciens & les modernes; notre supériorité sur les Grecs &

---

(1) Voyez le Diable boîteux, le meilleur Roman, après Gilblas, qui soit sorti de la plume de ce correct & ingénieux Ecrivain.

(2) Platon, Traité de la République, édition de Pekin.

les Romains est reconnue de tous ceux qui ont suivi les progrès de l'art de la frisure & des modes) mais un Drame en cinq actes, un Drame en vers, cent fois plus intéressant que le *Pere de famille* (1) de Diderot, qui m'a fait cependant répandre de douces larmes, graces au jeu pathétique de Chammélé & de Crétu.

La simple lecture de mon premier acte, qui n'est encore qu'ébauché, a rappellé à la vertu deux femmes galantes, qui sont à présent l'honneur de leur sexe; a changé en honnête homme un vieux usurier; & a rendu modeste & poli un Commis de la Douane. Après des succès aussi étonnans, quels triomphes n'ai-je pas droit d'espérer, lorsque je ferai représenter ce chef-d'œuvre, qui sera certainement achevé dans trente ans d'ici!

Encore un mot, Lecteur.... Ne décrie point mon Ouvrage (2), par commisération pour mon Libraire.

---

(1) Joué le 16 Septembre, & justement applaudi.
(2) *No siempre roe la envidia los cedros levantados, tal vez rumpe sus dientes en la espina humilde.*

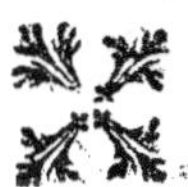

PERSONNAGES.

CALIGULA, Empereur Romain. *M. Lecouvreur.*

RODOMONTANUS, Général. *M. Mayeur.*

PAULINE, Maîtresse du Général. *Mlle. Berthéas.*

TROIS COURTISANS. } *M. Villiané.*
M. Jeofroi.
M. Prin.

GROS JEAN, Valet d'écurie. *M. Prin.*

COMTOIS, Cocher de Place. *M. Bajeofroi.*

QUATRE ROIS TRIBUTAIRES DE L'EMPIRE, Personnages muets.

SOLDATS.

GARDES.

PEUPLE.

La Scene se passe à Rome sur une Place publique, qui représente d'un côté le Palais de l'Empereur Caligula, & de l'autre ses écuries.

HONNI

VERS

Adressés au Public après la représentation de Sémiramis, & déclamés par M. Lamayrie.

MESSIEURS,

Au chef-d'œuvre éloquent d'un Maître de la Scene,
Amateurs éclairés, vous venez d'applaudir ;
Vos cœurs même souvent ont paru s'attendrir.
Thalie en ce moment, dispute à Melpomene
Jusqu'à son brodequin, pour mieux vous amuser ;
Et jalouse des pleurs que sa sœur fait verser,
Son poignard à la main, prétend vous faire rire.
Ce ne sont point les jeux d'un esprit en délire,
Qui, pour les avilir, travestit les Héros.
D'un Parodiste gai l'ingénu badinage
Respecte l'Art tragique, admire son langage ;
Et prise les beautés, en montrant les défauts.
Soyez donc indulgens pour une bagatelle,
Qu'à vous offrir ici l'Auteur n'eût pas pensé,
S'il eût plus consulté sa gloire que son zele....
Mais riez de bon cœur, il est récompensé.

HONNI SOIT QUI MAL Y PENSE,
OU
LE CHEVAL
DE CALIGULA,
FAIT CONSUL DE ROME.

SCENE PREMIERE.

RODOMONTANUS, *Général Romain* ;
PLUSIEURS SOLDATS *portant des drapeaux.*

RODOMONTANUS.

COMPAGNONS fortunés de mes heureux travaux ;
Qui faites pour cinq sols le métier des héros ;
Redoutables vainqueurs des vainqueurs de la terre ;
Qui pouvez tout dompter, excepté la misere ;
Bras-de-fer, Sans-quartier, La Terreur, Brise-dents ;
Offrez à l'Empereur ces drapeaux triomphans.
Déposez à ses pieds ces marques de ma gloire :
S'il est content de moi, qu'il vous donne pour boire.
UN SOLDAT.
Ou plutôt pour manger.

B

RODOMONTANUS.

> Mais s'il fait le craſſeux,
Saccagez ſon paſais en ſoldats courageux.
Vous héſitez, je crois !

LE SOLDAT.

> Vous parlez à merveille,
Mais un ventre affamé, Seigneur, n'a point d'oreille,
Et de jambe très-peu.

RODOMONTANUS.

> C'eſt mon moindre ſouci.
Quand je ſuis ſatisfait, vous devez l'être auſſi.

> (*Ils s'en vont.*)

SCENE II.

RODOMONTANUS *ſeul.*

ME voilà dans ces murs où ma paiſible enfance
Coula des jours heureux au ſein de l'innocence !
J'aimois...... & l'on m'aimoit !..... Un faux inſtinct
    d'honneur
Aux plaines de Colchos appella ma valeur.
Pour ſignaler mon bras, je quittai ma maîtreſſe.
Aurai-je conſervé ſon cœur & ſa tendreſſe ?
Hélas ! plus d'un amant, ſans quitter ce ſéjour,
Craint de ſe voir cocu cinq ou ſix fois par jour.

L'amour ou le hazard l'amene ſur mes traces.....
Fanfan _ chouchou —Mimi —l'égalez-vous en graces?

SCENE III.

RODOMONTANUS, PAULINE.

RODOMONTANUS, *à Pauline, qui traverse le Théatre.*

ME cherchez - vous, Madame ; & ce charmant bonheur,
Mérité, je le crois, par mon amour...

PAULINE.
Seigneur,
Ne vous souvient-il plus de ma vertu sévere ?

RODOMONTANUS.
Ma foi, s'il m'en souvient, il ne m'en souvient guere.

PAULINE.
De parens vertueux rappellant les leçons,
Pauline ne va point au-devant des Garçons.
Pour commander *un pouf*, j'allois au *Magnifique*.

RODOMONTANUS.
Vous frapperez en vain une heure à la boutique,
Il est fête aujourd'hui. — Content & glorieux,
Je puis donc, un moment, me montrer à vos yeux,
Après avoir porté sur la terre & sur l'onde,
Mes pas victorieux, ma course vagabonde,
Jusqu'aux lieux où Phœbus, caché pour ces climats,
Nous ramene l'année, & revient sur ses pas.

PAULINE.
Ah! Seigneur, quel jargon! quel étonnant langage! —
Je n'ai de ces grands mots, ni la clef, ni l'usage.

RODOMONTANUS.
Ils sont d'Académie, & je vois à regret
Que de nos beaux esprits dédaignant le secret,
Vous ignorez comment on s'exprime au Théatre.
Mais je change de ton. — J'ai fait le diable à quatre,

Et me suis mis en huit pour plaire à ce minois,
Digne d'être le prix des plus fameux exploits.
Auſſi jamais mortel enflammé par vos charmes,
N'eût pu porter plus loin la ſplendeur de nos armes,
Fût-ce un Guerrier Gaſcon, ou bien un Bas-Normand,
Cartouche, Bajazet, Mandrin ou Tamerlan.
J'ai fait trembler Corinthe, & ſubjugué Meſſine.
J'ai rençonné Coignac, & pris d'aſſaut la Chine.
J'ai pris Blaye au Japon, Bergerac au Pérou.
J'ai fait raſer vingt forts, ma foi, je ne ſçais où.
Surpaſſant de Coclès la merveilleuſe audace,
A dix mille hommes, ſeul, tout un jour j'ai fait face.
J'ai vaincu vers Bazas, dans deux combats navaux,
Quatre-vingt-dix dragons, montés ſur cent chevaux.

PAULINE.

Vous pouvez vous vanter d'avoir fait l'impoſſible. —
Non, de Céſar jamais le courage invincible
Par de ſi beaux exploits n'étonna les humains. —
Vous êtes le Dieu Mars...l'Adonis des Romains.
Car Pauline eſt pour vous, d'amour ſi travaillée,
Qu'elle en perd le ſommeil, lorſqu'elle eſt éveillée.

RODOMONTANUS.

Mes tranſports ſont moins vifs, & n'en ſont pas moins
    doux.
Quand je ne penſe à rien, je m'occupe de vous.

PAULINE.

Et moi, Seigneur, jugez ſi je fais la bégueule ;
Je vous ſacrifirai ma petite épagneule.

RODOMONTANUS.

Je l'exige. — Mais non. — Ah grands Dieux ! —
    Arrêtez. —
Je ne mérite point l'excès de ces bontés. —
Couronnez, en ce jour, une ſi belle flamme,
Et daignez m'épouſer, vous deviendrez ma femme.

PAULINE.

Le Célibat, Seigneur, eſt aſſez rigoureux,
pour que l'hymen me flatte, & comble tous mes vœux.
Mais je crains que bientôt, dégoûté du ménage,

Vous ne portiez ailleurs vos foins & votre hommage.
L'époux le plus conftant fe laffe du bonheur.
Je ne le cele point : je mourrois de douleur,
Si, malgré mon amour, je me voyois forcée
De manger, comme on dit, mon pain à la fumée.

RODOMONTANUS.

Rejetez ces foupçons, Madame : je prétends
Sur votre feul autel brûler tout mon encens. ——
D'ailleurs, fi je deviens inconftant & volage,
Ignorez-vous comment on venge cet outrage?
Mais que dis-je ? l'amour, le devoir, vos appas,
Tout cela de mon cœur ne vous répond-il pas?
Ah ! bien loin de fonger à vous être infidele,
Je veux être aux Bergers propofé pour modele.

PAULINE.

En vérité, Seigneur, vous êtes trop galant;
Et vous vous exprimez en héros de roman !

RODOMONTANUS.

Jurez donc que jamais vous n'aurez la foibleffe
De planter fur mon front, où regne la tendreffe,
Ce bois qui ne croît point dans le fond des forêts,
Dont on parle par-tout, & qu'on ne voit jamais.

PAULINE.

Je vous l'ai déjà dit, Seigneur, le mariage
Ne préfente à mes fens qu'une agréable image :
Mon efprit me le peint fous de belles couleurs,
Et le nôtre feroit un nœud tiffu de fleurs.
Mais en vain pour vous feul mon ame eft enflammée :
Je ne puis allumer les flambeaux d'hyménée,
A moins que de Conful le titre glorieux
Ne vous faffe monter au rang de mes aïeux. ——
J'en ai fait le ferment, exigé par mon pere,
Quand ma tremblante main lui ferma la paupiere.
Si je me parjurois —— du rivage des morts
Mon pere reviendroit exciter mes remords.
En habit des tombeaux... pouffant un long murmure...
Par de funebres cris attriftant la nature...

Son spectre s'offriroit à mes yeux effrayés. —
Et viendroit, chaque nuit, me tirer par les pieds.

RODOMONTANUS.

Nous pouvons nous unir sous de meilleurs auspices.
Ces manes paternels vont nous être propices.
Je vais du Consulat demander la faveur :
Je l'obtiendrai sans doute, à moins que l'Empereur
Ne se fasse à présent une secrete étude
Du mépris, de l'insulte & de l'ingratitude.
J'ai des droits bien fondés à ce poste éclatant.
Voudroit-on s'exposer à mon ressentiment ?
Non : l'Empereur jamais n'a manqué de prudence ;
Et d'un brave à trois poils il connoît l'importance.

PAULINE.

A ces nobles transports le Consulat est dû.
Tu l'auras, cher amant, ce prix de ta vertu.
En adroit Courtisan fais valoir ta victoire,
Tu deviendras Consul ; & pour comble de gloire,
En tout bien, tout honneur, avant la fin du jour,
Tu viendras dans mes bras, pour t'enivrer d'amour.

(Elle s'en va.)

SCENE IV.

RODOMONTANUS *la regarde aller, & dit.*

Pour ses attraits Antoine eût quitté Cléopatre. —
J'obtiendrai cet objet que mon cœur idolâtre.
Ne suis-je pas du bois dont un Consul est fait ?
Mais j'entends l'Empereur : le voici qui paroît.

SCENE V.

RODOMONTANUS, CALIGULA,
DEUX COURTISANS, QUATRE ROIS TRIBUTAIRES DE L'EMPIRE, GARDÉS.

CALIGULA, *aux quatre Rois.*

MOnarque des Germains — Souverain de Syrie —
Roitelet de Damas — Despote d'Albanie —
Caligula veut bien vous permettre aujourd'hui
De relever vos fronts prosternés devant lui. —
Par les ris & les jeux remplaçant la tristesse,
Livrez-vous aux transports d'une vive alégresse :
Mon mal est dissipé — j'ai bien passé la nuit —
Je suis gaillard, dispos — & j'ai bon appétit —
Je pourrai donc manger le jambon de Mayence,
La poularde du Mans, les faisans de Provence ;
De bon vin de Médoc abreuver mon gosier ;
Et le banquet fini, monter mon beau coursier. —
Qu'un de vous, à son tour, placé près de sa creche,
Lui serve à chaque instant la paille la plus fraîche. —
Ne lui donnez du foin... qu'après l'avoir goûté.

RODOMONTANUS *à part.*

C'est prendre un intérêt bien vif à sa santé !

CALIGULA.

Je le préfere à tout — à peuple — amis — maîtresse.
Il est dans l'univers le seul qui m'intéresse.
Mon plaisir, mon bonheur dépend en tout du sien.
Qui n'est pas son ami, ne peut être le mien.
Que ses harnois, par vous, soient exempts de poussiere.
De vos royales mains préparez sa litiere.

RODOMONTANUS *à Caligula.*

Fi donc — laissez ce soin à de vils Palfreniers. —
Ecoutez un Soldat tout couvert de lauriers.

CALIGULA *à Rodomontanus.*

Ils ne font pas si verds que tu peux le prétendre !

(*Aux quatre Rois.*)

Mais je vais t'écouter. Pour vous, allez m'attendre
Au Palais, où je vais me rendre fur vos pas.
Allez donc — non, reftez — fortez — ne fortez pas —

(*A Rodomontanus.*)

Partez — Tu peux me peindre à préfent ta victoire.

(*Les quatre Rois fortent.*)

Prodigue le Phœbus, pour te coûvrir de gloire.

RODOMONTANUS.

J'ai fçu juftifier votre choix par mes foins ;
Mais Rodomontanus pouvoit-il faire moins ?
J'ai fait trembler l'Afie, & faccagé l'Afrique ;
J'ai fait, en quinze jours, un bon Poëme épique.
Des Germains la terreur, vainqueur des Allemands,
J'ai fubjugué la Perfe, & vaincu les Perfans.
Trois ans contrebandier, fans avoir fait fortune,
J'ai fait ma Cour tantôt à la blonde, à la brune.
Tour à tour Baladin, Colporteur, Charlatan,
Quand j'étois fans le fou, je n'avois pas d'argent.
Voyageant en efprit avec la mappemonde,
Sans fortir de mon lit, j'ai fait le tour du monde.

CALIGULA.

Tes coups d'effai, morbleu ! font des coups de héros !

RODOMONTANUS.

Eh bien ! accordez-moi le prix de mes travaux.

CALIGULA.

Ami, tu peux compter fur d'immenfes largeffes.

RODOMONTANUS.

Vous êtes en tout temps magnifique en promeffes,
Invincible Empereur ! — Mais il eft très-certain
Que vous promettez plus de beurre que de pain.

CALIGULA.

Cette phrafe bannale eft ici déplacée.
En termes plus choifis explique ta penfée.
Sois ampoulé plutôt, obfcur, fi tu le veux ;
En mots vuides de fens, mais fonores, pompeux ;

Parle

Parle comme un héros. — Loin de t'en faire un crime,
Le vulgaire croira que voilà du sublime.
RODOMONTANUS.
Je viens vous demander le prix de mes exploits.
Récompenser le zele, est le devoir des Rois.
Digne de commander à tout ce qui respire,
Je pourrois exiger la moitié de l'Empire.
Le Ciel ne me fit point un cœur ambitieux.
Au titre de Consul je borne tous mes vœux.
CALIGULA.
L'objet de tes desirs n'est plus en ma puissance.
Il falloit y songer au moins un an d'avance.
Un autre a ma parole, & je dois la tenir.
RODOMONTANUS.
Un autre est préféré ! — Je sçaurai l'en punir.
CALIGULA.
Si tu le connoissois, tu deviendrois plus sage.
RODOMONTANUS.
Si je le connoissois, je ferois un tapage....
CALIGULA.
Garde-toi d'offenser ton fortuné rival.
RODOMONTANUS.
Quel est-il donc, Seigneur? — Nommez-le.
CALIGULA.
                                        Mon Cheval.
Illustre petit-fils du Coursier d'Alexandre ;
Jusqu'à me remplacer il a droit de prétendre ;
Et je veux qu'à son tour goûvernant les Romains,
Il soit après ma mort le maître des humains.
RODOMONTANUS.
Prince, vous n'êtes point capable d'un outrage.
Vous voulez plaisanter, & faire un badinage.
Un Cheval fait Consul ! -- Seigneur, y pensez-vous?--
Eh ! que diroit alors le Journal de Trévoux?
CALIGULA.
Mais puis-je faire moins pour payer ses services?
Chaque jour j'en reçois d'agréables offices.
Il se met à genoux quand je veux le monter ;

Soit que je veuille alors galoper ou trotter,
Auffi prompt que les vents, il prévient mes idées,
Et fçait fe conformer à toutes mes penfées. —
A Florence, à Berlin, à Londres, à Paris,
De la courfe en tous lieux il a gagné le prix.
Je dois récompenfer un mérite fi rare:
Je le fais donc Conful, & peut-être....
RODOMONTANUS.
                                        Tarare.
Vous voulez, par ce jeu, m'éprouver un inftant.
CALIGULA.
Caligula, Monfieur, ne fait point le plaifant. —
Je fuis votre Empereur: l'univers me contemple:
De la reconnoiffance il faut donner l'exemple.
Quoi! fur les bords du Nil un bœuf a des autels;
Un crocodile obtient l'hommage des mortels,
Voit fumer leur encens!... Quoi! dans toute l'Afie,
On traite avec refpect les rouffins d'Arcadie;
Et mon Courfier feroit privé de dignité,
Lorfqu'il a fçu me plaire, & qu'il l'a mérité! —
Non; puifqu'il a vaincu les Courfiers d'Angleterre,
Je le fais, après moi, le premier de la terre.
RODOMONTANUS.
O rage! ô défefpoir! ô tranfport forcené!
Tyran, à cet opprobre étois-je deftiné?
Ah! quand mon bras faifoit le deftin des Couronnes,
Qu'il renverfoit ou bien qu'il relevoit les Trônes,
Aurois-je dû m'attendre à dévorer l'affront
Que ton chien de Cheval imprime fur mon front?
Un malheureux Bidet aura la préférence
Sur un Guerrier connu par cent traits de vaillance!
Autant vaut élever au faîte des grandeurs,
Objet des vœux ardens des Héros, des grands cœurs,
Cet animal qui brait quand il dreffe l'oreille....
Qui fourmille à ta Cour, & qui l'orne à merveille.
CALIGULA *à Rodomontanus.*
Si j'aimois un Baudet, & qu'il m'eût bien fervi,
Je pourrois, en ce jour, en faire autant pour lui. —

(*A ses Courtisans, en regardant Rodomontanus.*)

Il se tait... il se rend.... mais ce n'est pas sans peine !

RODOMONTANUS.

Va, si je me suis tû, c'est pour reprendre haleine. —
Je n'ai point les poumons d'un chanteur du Pont-Neuf,
Et déclame les vers sans mugir comme un bœuf. —
Mais tu n'as point rempli ton projet d'infamie !
Je perdrai mon latin, ou ton Cheval la vie.
Qui prodigue le sang, est sûr de s'y plonger.

CALIGULA.

Qui commande aux humains, est sûr de se venger.

RODOMONTANUS.

Frappe, voilà mon sein.

CALIGULA.

    Non ; mais sors en silence.

RODOMONTANUS.

Je sors — Si je restois encor en ta présence,
La moutarde bientôt me monteroit au nez ;
Je serois pire, alors, qu'un lion déchaîné.

    (*Il s'en va.*)

SCENE VI.

CALIGULA, DEUX COURTISANS, GARDES.

CALIGULA.

QUe dites-vous, amis, de cet excès d'audace ?

PREMIER COURTISAN.

Je pense qu'il est homme à remplir sa menace. —

SECOND COURTISAN.

Seigneur, comblez les vœux de ce brave Guerrier ;
Un sujet tel que lui vaut le meilleur Coursier.
Ce jour peut devenir funeste à votre gloire.

CALIGULA.

Quand le vin est tiré, Monsieur, il faut le boire.

Un Empereur peut-il revenir sur ses pas?
Je l'ai dit; je le veux; qu'on ne replique pas.

SECOND COURTISAN.

Seigneur, ce que j'en dis, ce n'est pas que j'en pense.
Vous pouvez suivre, ou non, mon humble remon-
    trance;
Car si le Charbonnier est maître en sa maison,
Un Empereur doit l'être à plus forte raison.

CALIGULA.

Bien dit : c'est là parler en garçon de génie!
Je prendrai soin de toi, si Dieu te prête vie. —

Va faire au champ de Mars assembler les Romains.
Instruits de mon projet, qu'ils y donnent les mains.
Mon Coursier leur est cher : il aura leur suffrage.
Que le Sénat, en Corps, aille lui rendre hommage;
Que tous les Magistrats, les Préteurs, les Censeurs,
Viennent le haranguer, & le comblent d'honneurs.
En ce jour solemnel, chommé comme une Fête,
Des lauriers les plus verds il faut ceindre sa tête;
Couvrir ses vastes flancs de superbes habits,
Où brillent avec l'or la pourpre & les rubis.
Transformés en Licteurs, cent Valets d'écurie,
Une étrille à la main, suivront sa Seigneurie.
Les fourches, les balais deviendront des faisceaux,
Et des frottoirs tout neufs serviront de drapeaux. —
Afin que rien ne manque à la cérémonie,
Dans ma loge il verra ce soir la Comédie.

(Il s'en va avec ses Courtisans.)

SCENE VII.

PAULINE, RODOMONTANUS, *portant un*
sabre de bois de six pieds de longueur.

RODOMONTANUS.

Non, je n'écoute rien! & dussai-je mourir;
Sous mes coups redoublés son Cheval va périr.
Pour dix mille ducats, un Valet d'écurie
Me fournit les moyens d'assouvir ma furie,
Et doit guider mes pas jusqu'à l'appartement
De l'objet odieux de mon ressentiment.

PAULINE.

Ce Coursier qui des siens excitoit tant l'envie,
Dans des tourmens affreux va-t-il perdre la vie?
Ou bien lui faites-vous avaler le trépas
Dans un baquet plein d'eau?

RODOMONTANUS.

                Non, je ne le fais pas.
Je dois dans son poitrail plonger ce cimeterre,
Qui sçaura me venger, au défaut du tonnerre.

PAULINE.

Ah! plutôt renoncez à ce projet fatal.
C'est un crime, Seigneur, & de leze-Cheval.
En tous lieux méprisé, puni comme un perfide,
Vous obtiendrez le nom de vil chevalicide. —

RODOMONTANUS.

Je ne me sens pas fait pour être un assassin;
Mais l'honneur le commande; & sans ce coup de main,
On dira que je suis une poule mouillée....

PAULINE.

De son sang votre main va demeurer souillée.

RODOMONTANUS.

On me reprochera de manquer de vigueur.

PAULINE.

Je dirai le contraire ; on m'en croira, Seigneur.

RODOMONTANUS.

Je vais être raillé par toute l'écurie.

PAULINE.

Un bon esprit toujours entend la raillerie.

RODOMONTANUS.

J'espérois de me voir aujourd'hui, dans tes bras,
Possesseur fortuné de tes charmans appas !
Je vais perdre l'honneur, & la main de Pauline...
Mais je veux entraîner ce Cheval dans ma ruine.

PAULINE.

Tu serois, en ce jour, un cruel Meurtrier,
Et moi le prix du sang d'un malheureux Coursier !

RODOMONTANUS.

Ainsi le veut du sort la rigueur infinie.

PAULINE.

L'amour est-il donc fait pour tant de barbarie ?

RODOMONTANUS.

Ce n'est que par sa mort que je peux l'obtenir.
Entre un Cheval & moi c'est à toi de choisir.

PAULINE.

Si l'honneur te défend d'écouter la clémence,
Si l'amour, l'intérêt t'ordonnent la vengeance ;
Si, son sang épargné, nos nœuds sont compromis...

RODOMONTANUS.

Faut-il franchir le pas ? Faut-il...

PAULINE.

                              Ah ! je frémis...

RODOMONTANUS.

J'entends l'arrêt fatal qu'a prononcé ta bouche.

PAULINE.

Je me tais.

RODOMONTANUS.

Il mourra.

PAULINE.

Grands Dieux ! quel air farouche !

RODOMONTANUS.

De la fatalité l'impérieuse voix
Me dicte mon devoir : il faut suivre ses loix. —
Mais j'entends le signal.... Je vois ouvrir la porte,
Et je vole....

PAULINE.

Arrête... le remords...

RODOMONTANUS.

Que m'importe ?
(*Il entre dans l'écurie.*)

SCENE VIII.

PAULINE.

Rien n'a donc pu calmer ses transports insensés ;
Et je pourrai fort bien payer les pots cassés !
Ah ! pourquoi des galans dédaignant les fleurettes,
N'ai-je pas sçu fermer l'oreille à leurs sornettes ? —
Mais sans amour la vie est-elle un grand bonheur ?
Sans lui, comment porter le fardeau de son cœur ?
Du jour qui fuit, hélas ! & du temps qui s'avance,
Ses plaisirs peuvent seuls arrêter l'inconstance.
Puisque nos jeunes ans s'envolent sans retour,
Perdons-les désormais dans les bras de l'amour. —
Au reste, je condamne une aveugle tendresse :
Il faut parer l'amour des fleurs de la sagesse.

Dieux ! quels accens plaintifs ont frappé mes esprits !
N'entends-je point au loin de lamentables cris ?
C'est l'innocent objet d'une rage effrénée,
Qui perd en ce moment sa vie infortunée.
Dussent mille Valets & mille Palfreniers,
Une fourche à la main, transformés en Guerriers,
Assemblés à l'entour du Héros que j'adore,
L'accablant sous leurs coups, me menacer encore,
Je vole à son secours. — S'ils lui percent le cœur,
Je reviens me jeter... dans le trou du Souffleur. —

Mais quel bruit effrayant !..... De grands coups de
    tonnerre,
En enflammant le ciel, ont ébranlé la terre!
Ah! le voici qui vient.

SCENE IX.

PAULINE, RODOMONTANUS. (*Il sort de
l'écurie l'air égaré, les cheveux épars, au bruit du
tonnerre, à la lueur des éclairs, un grand sabre
de bois, ensanglanté à la main.*)

RODOMONTANUS.

Ciel! où suis-je? ...

PAULINE.

Ah! Seigneur?
Vous êtes teint de sang, & vous tremblez de peur!

RODOMONTANUS.

C'est le fruit des forfaits : tout coupable est timide.
Je viens de consommer l'affreux chevalicide.

PAULINE.

Faites-moi ce récit : je vous écoute bien.
Quand vous aurez tout dit, vous ne direz plus rien.

RODOMONTANUS.

J'errois dans les détours de la grande écurie,
Agité de transports dignes d'une furie.
Mais craignant de trop faire éclater mon courroux,
Je maudissois tout bas, & le Cheval, & vous.
Un falot à la main, Gros-Jean étoit mon guide.
Le falot s'est éteint dans la main du perfide.
Madame, vous auriez retourné sur vos pas :
Au lieu de reculer, j'avance en pareil cas.
J'ai percé plus avant; j'ai reconnu la place
Qu'occupoit le rival, objet de mon audace.
Auprès d'un ratelier, loin de l'éclat du jour,

Qui pénétroit un peu dans ce maudit séjour ;
J'ai cru lui voir manger un picotin d'avoine. —
D'approfondir le fait ne prenant point la peine,
J'ai trois fois dans ses flancs plongé ce fer vengeur ;
Qui sembloit m'accuser d'une injuste rigueur.
Déjà je le traînois roulant sur la litiére,
Parmi des flots de sang... de crotte... & de poussiere...
Mais, je vous l'avoûrai, ses longs hennissemens,
Ses cris plaintifs & sourds, & ses gémissemens —
M'ont troublé la cervelle, & donné la colique.

PAULINE.

Tissot contre ce mal connoît un bon topique.

RODOMONTANUS.

Tissot est à Lausanne, & nous en sommes loin.

PAULINE.

On l'enverra chercher.

RODOMONTANUS.
                    Je n'en ai pas besoin.

Je sens tous les remords qui poursuivent le crime.
Mon bras s'est-il mépris au choix de ma victime ?
Ou le sang des chevaux est-il si précieux,
Qu'on n'en puisse verser sans offenser les Dieux ?
La fureur me transporte.... & la douleur m'égare...
Non, je n'étois pas né pour devenir barbare.
Au rang des criminels me voilà parvenu ;
Et je montre à la terre un forfait inconnu !...
Quoi ! j'ai pu l'immoler à ma lâche furie !
Hélas ! avant sa mort il étoit plein de vie !

PAULINE.

Flairez cet alkali : d'ailleurs très-à-propos
Un fauteuil dans ses bras vous offre du repos.
                              (*Il s'assied.*)

Ah ! Seigneur — cher amant ! — Mais tout son corps
          chancelle.

RODOMONTANUS, *joüant les fureurs d'Oreste.*

Du séjour de la mort est-ce toi qui m'appelle ?
Toi que ma main ici n'a point craint d'égorger ?

                                              D

Viens-tu punir mon crime, ou viens-tu te verger?
Tu n'es pas né méchant... Tu portes un cœur tendre...
Sois barbare à ton tour ; & loin de me défendre,
A tes pieds, à tes dents, oui, je m'en vais m'offrir.
Pour l'honneur des chevaux, tu dois m'anéantir.
Viens donc... accable-moi de cent mille ruades...
Il vient... je le connois à ses sauts, ses gambades.

PAULINE.

Oh ! ma foi, c'est bien pis, car c'est notre Empereur ;
Qui paroît animé d'une juste fureur.

SCENE X.

RODOMONTANUS, PAULINE, CALIGULA, DEUX COURTISANS, GROS-JEAN, *Valet d'écurie*, COMTOIS, *Cocher de Place*, GARDES, PEUPLE.

CALIGULA.

MOns Rodomontanus, vous tenez vos promesses ;
Et vous vous signalez par de belles prouesses !
Mais quoique vous ayez raté votre projet,
Je juge le motif, sans égard pour le fait.
Monstre, fléau, rebut de l'Europe & l'Asie,
As-tu pu, par tes pas profanant l'écurie,
Former le noir dessein d'égorger mon Cheval ?

RODOMONTANUS.

Je lui devois la mort : il étoit mon rival.

GROS-JEAN.

Ce Coursier l'est toujours, car il respire encore.
Gros-Jean, que tu croyois une triste pécore,
A sa place avoir mis, pour se moquer de toi,
Une rosse qui t'a causé bien de l'effroi ;
Et quand tu devenois un perfide, un rebelle,
Un Palfrenier restoit à son devoir fidele.

PAULINE.

Où diable — la vertu va-t-elle se loger !

UN COURTISAN.

Prononcez son arrêt, vous devez vous venger.

UN AUTRE COURTISAN.

Ordonnez son trépas.

CALIGULA.

Je le devrois sans doute,
Et lui faire subir un châtiment...

RODOMONTANUS.

Ecoute.

Crois-tu, par de grands mots, dignes d'un vil Rhéteur,
Porter dans mes esprits le trouble & la terreur ?
Comme il est sans forfait, mon cœur est sans alarmes.
Quand on se voit berné, le trépas a des charmes.
Epargne-moi l'ennui d'écouter un sermon,
Et laisse-moi le choix du fer ou du poison.

COMTOIS.

Grands Dieux ! comme un Héros estime peu la vie !

PAULINE.

Vaincra-t-il l'ascendant de son mauvais génie ?

CALIGULA.

Un autre puniroit tant de témérité
Par un trépas affreux.... & tu l'as mérité. —
Mais ma colere, ici, s'envole avec ma haine.
Je veux te faire grace, & sous l'unique peine
De payer à Comtois la valeur du coursier
Que tu viens d'immoler devant un ratelier.
Donne-lui... dix écus : voilà le prix, je pense,
Pour ces brillans coursiers fixé par l'Ordonnance. —

Apprends à tes pareils, qui pourront s'étonner,
Qu'un grand homme offensé n'a sçu que pardonner.

RODOMONTANUS.

Tu veux donc m'avilir, ô fortune contraire,
En dévoilant ici ma profonde misere ! —
Il le faut avouer.... mon pauvre saint fresquin

Fut employé, Seigneur, à payer ce faquin,
Qui sçait berner les gens, en leur vuidant la bourse.

CALIGULA.

Je vais de mon esprit déployer la ressource. —

A Comtois.

A la place du tien, il te faut un bidet ;
Et si mon Général n'a rien dans son gousset,
Que le mors à la bouche, étouffant tout murmure,
Le harnois sur le dos, il traîne la voiture,
A côté du cheval qui te reste à présent.

COMTOIS.

Je ne fais point appel de votre jugement.

UN COURTISAN.

Ma foi, sous les harnois il aura bonne grace.

UN AUTRE COURTISAN.

Dans ton carrosse, ami, je retiens une place.

COMTOIS à *Rodomontanus.*

Ah ça ! point de façons. Je m'en vais te seller,
Et t'emmener chez moi, pour pouvoir t'atteler.

RODOMONTANUS à *Comtois.*

Garde-toi de me faire un si sanglant outrage,
Ou tu vas éprouver les effets de ma rage.

A Caligula.

Exécrable tyran, crains que dans ma fureur,
De ton vil estomac je n'arrache ton cœur.

CALIGULA.

Afin que sans danger mes volontés soient faites,
Gardes, dès cet instant, donnez-lui... des manchettes.

PAULINE, *se jetant au travers des Gardes, &*
tombant aux pieds de l'Empereur.

Barbares, arrêtez. — J'embrasse vos genoux ;
Je meurs, si je ne puis fléchir votre courroux.
N'accablez pas d'affronts ce Guerrier que j'adore :
Il a servi l'Etat, il peut le faire encore.
Vous avez ordonné qu'il payât dix écus :
Je les aurois offerts, & même cent de plus.
De sauver un Héros j'aurois eu l'avantage ;
Mais j'ai de mon argent fait un frivole usage.

En rubans, en chiffons, je l'ai tout dépensé...
A ce nouveau besoin si je n'ai pas pensé,
Ma faute cependant n'est pas irréparable ;
A mes vœux empressés montrez-vous favorable...
Ah ! Seigneur, différez & suspendez vos coups,
Si votre cœur n'est pas plus dur que les cailloux.
J'ai d'excellent papier, ayant cours sur la place ;
D'escompter mes billets on me fera la grace.
Je jure d'en donner le produit à Comtois,
Et nous pourrons alors vivre heureux sous vos loix ;

Si cela ne peut point calmer votre colere,
Designez notre exil au bout de l'hémisphere ;
Nous irons, dès demain, sans le moindre souci,
Peupler Sainte-Lucie, ou le Mississipi.

CALIGULA, *attendri.*

Madame, je n'ai point un cœur assez barbare,
Pour n'être point touché d'un amour aussi rare.
Vous possédez si bien l'art d'émouvoir les cœurs,
Qu'un tigre deviendroit sensible à vos douleurs.
Conservez vos billets ; je veux payer l'amende,
Vous combler de bienfaits ; & je ne vous demande,
Pour prix de mes bontés, que de danser au bal
Que je donne ce soir au nom de mon Cheval.

PAULINE.

Je sens trop le plaisir de la reconnoissance,
Pour que vous n'éprouviez aucune résistance.

RODOMONTANUS *à Caligula.*

Accordez-moi Pauline, & faites mon bonheur,
Je m'en vais redoubler & de zele & d'ardeur.

CALIGULA.

Tu le veux ? j'y consens du meilleur de mon ame.
Mais n'est-ce point punir, que donner une femme ?

SCENE XI. & DERNIERE.

Les Mêmes, UN TROISIEME COURTISAN.

LE TROISIEME COURTISAN *à Caligula.*

AU gré de vos defirs tout vient de fe paffer ;
Et l'éclat de ce jour ne peut plus s'effacer. —

Je devrois, en fuivant une ancienne rubrique,
Vous prodiguer ici les fleurs de Rhéthorique,
Et battre la campagne, en faifant l'Orateur. —
Quand on eft afmatique, un long difcours fait peur.

Votre Courfier, Seigneur, a gagné les fuffrages
Du Peuple, du Sénat, & reçu leurs hommages.
Puiffent tous vos chevaux, témoins de fon bonheur,
Mériter à leur tour d'éprouver cet honneur ! —

Sur la Scene à préfent vous l'auriez vu paroître,
Brûlant d'offrir fa gloire aux regards de fon Maître,
En robe de Conful, marchant à pas comptés,
Comme un Recteur fuivi des quarre Facultés....
Mais d'un Décorateur le zele opiniâtre
A privé le Public de ce coup de Théatre.
Cet Artifte jaloux n'a point voulu fouffrir
Qu'aux yeux des fpectateurs le Cheval vînt s'offrir,
Soutenant hardiment qu'un ancien Machinifte
Avoit bien plus de goût qu'un nouveau Parodifte.
Qu'a fait votre Cheval ?... Dans fon jufte dépit,
Sur deux bottes de paille il s'eft fait mettre au lit.
Venez donc, pour calmer fa vive impatience,
Admirer vos bontés, & fa reconnoiffance.

Tragédie burlesque.

CALIGULA.

Le Machiniste va recevoir un savon,
Afin qu'une autre fois il entende raison.

F I N.

---

*Permis d'imprimer & de représenter. A Bordeaux,
ce 10 Août 1782. DUDON, Jurat.*

A BORDEAUX,

De l'Imprimerie de PIERRE PHILLIPPOT,
Imprimeur-Libraire, rue Saint-Jâmes.

www.ingramcontent.com/pod-product-compliance
Lightning Source LLC
LaVergne TN
LVHW021658170726
843501LV00007B/2633